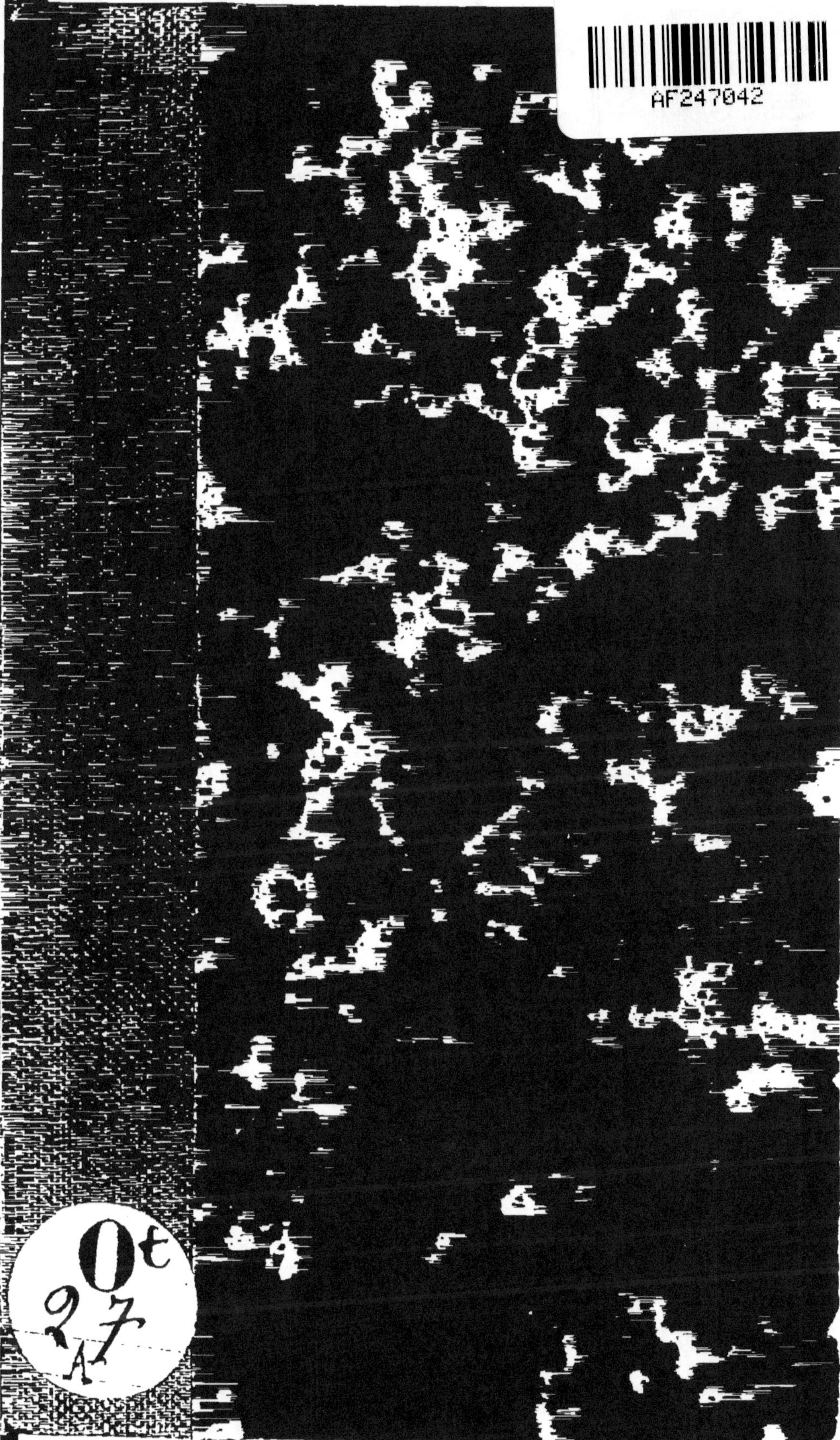
AF247042

(incompleto.)
de euros impios

MANIFESTE

DU ROI

DE PORTUGAL;

Contenant les erreurs impies & séditieuses que les Religieux de la Compagnie de Jesus ont enseignées aux Criminels qui ont été punis, & qu'ils se sont efforcés de répandre parmi les peuples de ce Royaume.

A LISBONNE;

De l'Imprimerie de MIGUEL RODRIGUEZ, Imprimeur de son Eminence Monseigneur le Cardinal Patriarche.

LETTRE

Du Roi de Portugal à M. l'Archevêque de Brague, Primat de ce Royaume.

A Très-Révérend Pere en Chriſt, l'Archevêque Primat de Brague, bien amé & honoré Frere, MOI LE ROI, Salut & accroiſſement de vertus.

Les deux exemplaires joints à cette Lettre, & ſignés de Sébaſtien-Joſeph de Carvalho & Mello, Conſeiller en mon Conſeil, & Secrétaire d'Etat des affaires de ce Royaume, pour leur donner la même foi & la même autorité qu'aux Originaux, vous inſtruiront de la Sentence rendue le 12 du préſent mois de Janvier, par l'inconfidence contre les coupables du barbare & ſacrilége outrage commis contre ma Royale Perſonne, la nuit du 3 Septembre de l'année derniere. Ils vous inſtruiront en outre des Actes & Procédures que j'ai fait faire par le Docteur François-Joſeph Da Serra-Craesbeck de Carvalho, Chancelier de la

Relation & Tribunal de Porto, pour réprimer en partie les Religieux de la Compagnie Jesus, dont le régime corrompu s'est
rendu complice, mais encore Chef principal
des énormes crimes de Léze-Majesté au premier Chef, de haute trahison & de parricide, qui ont été jugés par ladite Sentence. Lesdits Religieux ont abusé du sa-
cré Ministère pour corrompre les conscien-
ces des coupables qui ont été punis de ces
crimes atroces. Dans ce dessein, ils ont
mis en usage les exécrables moyens qu'ils
avoient tant de fois employés dans d'autres cas semblables pour parvenir à de pa-
reilles fins. Ils ont fait servir la confiance
que leur donnoit le saint Ministère, pour
répandre & semer dans les ames le venin
pestilentiel de leurs illusions Machiavéli-
ques & de leurs Dogmes Anti-Chrétiens,
quoiqu'ils ayent été condamnés, proscrits
& anathématisés par l'Eglise, & spéciale-
ment par les souverains Pontifes Alexandre VII & Innocent XI, comme héréti-
ques, impies, séditieux & destructifs de
la charité Chrétienne, de la société civile
& du repos public des Etats. Ces Religieux ont non-seulement enseigné, mais
encore fait mettre en pratique, entre plusieurs des susdites erreurs réprouvées par
le Saint Siége, celles que vous verrez spé-

cialement comprises dans le manifeste que
vous recevrez avec cette Lettre.

Il est démontré non-seulement par l'évidence des preuves, sur lesquelles ladite Sentence est appuyée, mais encore par plusieurs autres faits qui sont parvenus à
ma connoissance, & dont la vérité a été
constatée, que lesdits Religieux se sont
proposé, pour principal objet de leurs complots clandestins, d'enflammer & d'infec-
ter de cette peste de leur pernicieuse doctrine, & la Capitale, & les Provinces
de ce Royaume. Ils ont surpris la simpli-
cité & la crédulité des Fidéles. Ils les ont
détourné par leurs suggestions sinistres &
séduisantes, de leurs premiers & princi-
paux devoirs, de la charité envers le prochain, & de la soumission qu'ils doivent
à leur Roi, autant comme chrétiens, que
comme Sujets. C'est pourquoi j'ai cru devoir vous faire part, sans delai, de tout
ce que dessus. Mon intention est, qu'étant
informé de la nourriture empoisonnée que
la malignité a voulu présenter aux brebis
confiées à vos soins, vous puissiez les en
préserver par votre autorité Pastorale : de
maniere qu'au lieu de ces mortels alimens,
elles soient utilement & salutairement nour-
ries dans ces pâturages que cultivent les

7

plus zélés & les plus édifians Ouvriers de
la vigne du Seigneur.

Ecrit au palais de Notre-Dame d'Ayu..
da le 16 Janvier 1759.

R O I.

Pour le très-Révérend Pere en Chrift
l'Archevêque Primat de Brague, mon
bien amé & honorable Frere.

Sa Majefté a fait écrire dans les mêmes termes à tous les autres Prélats de
fes Royaumes.

MANIFESTE

DU ROI DE PORTUGAL,

Contenant les erreurs impies & séditieuses que les religieux de la Compagnie de Jesus ont enseignées aux Criminels qui ont été punis, & qu'ils se sont efforcés de répandre parmi les peuples de ce Royaume.

PREMIERE ERREUR.

I. UNE des plus pernicieuses pratiques que la malice humaine ait inventées, est celle qu'après plusieurs autres Philosophes impies & téméraires, l'infâme Nicolas Machiavel a publiée pour renverser la Société civile & la Religion Chrétienne ; sçavoir, que *quiconque a intention de perdre quelqu'un, ou de ruiner un Gouvernement, doit poser pour base de cette œuvre abominable le soin de répandre des calomnies, pour diffamer cette personne, ou ce Gouvernement ; qu'il est certain que ce calomniateur attirera toujours à son parti un grand nombre de gens, inclinés pour l'ordinaire à croire le mal, que delà il arrivera qu'en enlevant en peu de tems à la personne, ou aux personnes calomniées, leur crédit & leur réputations, elles ne tarderont pas à perdre leurs forces principales, qui*

A iv.

consistent dans une bonne renommée ; au moyen de quoi elles tomberont devant le calomniateur, qui a formé le dessein de les perdre.

II. Cette infernale pratique a été très-justement condamnée par les Loix civiles & politiques. Ces Loix ont établi, contre cette méchanceté, les actions *de injuria*, les peines qu'elles prononcent contre les calomniateurs, & les supplices qu'elles ordonnent contre ceux qui médisent du Roi, de ses Ministres & de ses Magistrats. La même doctrine a aussi été anathématisée par l'Eglise de Dieu, avec toutes les œuvres de cet impie & pernicieux Auteur. Cette condamnation est si générale & si expresse, que dans les permissions que les Souverains Pontifes accordent de lire des Livres défendus, ils exceptent toujours les œuvres de ce Machiavel.

III. Toutes ces Loix Ecclésiastiques & Civiles, faites pour réprimer les calomnies, comme destructives de la société civile & de la charité chrétienne, & les raisons inébranlables sur lesquelles ces Loix sont appuyées, n'ont pas été capables d'empêcher divers Religieux de la Compagnie de Jesus d'écrire librement, & d'enseigner, en d'autres termes, mais dans le même sens, ce que Machiavel avoit écrit, en suivant d'autres Philosophes également impies & dépravés.

IV. Tel est entr'autres Herman Busembaum dans son Livre intitulé : Théologie chrétienne, *Liv.* 3. *Traité* 6. *chap.* 1. *doute* 2. *nomb.* 6.

» Si quelqu'un, *dit-il*, blesse injustement vo-
» tre réputation, & que vous ne puissiez la dé-
» fendre ni la recouvrer autrement, qu'en noir-
» cissant la réputation de celui qui a noirci la vô-
» tre, il vous est permis de le faire, pourvû que
» ce que vous en direz soit vrai ; (restriction qui

n'a pas empêché cette Proposition d'être la quarante-quatriéme de celles que le Pape Innocent XI
a condamnées) « que vous ne le fassiez qu'au-
» tant qu'il sera nécessaire pour la conservation
» de votre honneur , & que vous n'offensiez pas
» plus cette personne , que vous n'en avez été
» offensé , en faisant une juste compensation de
» ce que vous valez avec ce que vaut celui qui
» vous a diffamé. *Voyez* le Cardinal Lugo , (Jé-
» suite) *n.* 50. , &c. »

Leonard Lessius n'a pas décidé ce cas d'une
maniere si artificieuse. *Lib.* 2. *de Just. cap.* 11.
dub. 25.

» Si vous avez , dit-il , injustement diffamé
» quelqu'un qui vous avoit auparavant diffamé
» vous-même , vous n'êtes point obligé de lui
» faire réparation s'il ne vous en a pas fait.
» Mais néanmoins vous pouvez user de compen-
» sation , en y gardant autant d'égalité qu'il
» vous sera possible. Navarre , *Cap.* 18. *n.* 47 ,
» Caetan , *quest.* 62 , & Pierre Navarre , *cap.* 4.
» *n.* 395 , se sont déclarés contre cette déci-
» sion : mais notre sentiment est le plus vrai ,
» &c.

Outre les Auteurs que nous venons de citer ,
l'on peut voir encore ce qu'ont écrit à ce sujet
Tambourin , *Lib.* 9. *in Decalog. cap.* 2. §. 2.
Gaspar Hurtado , Dicastillo & autres (Jésuites)
que cite Caramuel , *Theol. fund. p.* 550 , l'apo-
logie des Casuistes , *p.* 127 , 128 , 129 , & autres qui sont rapportés dans le Decret de l'U-
niversité de Louvain de l'an 1625.

V. Il est clair que la morale Machiavelique
de ces Religieux est premierement contraire au
précepte de la charité envers le prochain , laquelle est un des deux fondemens du Décalo-
, qui contient la Loi divine. Secondement ,

A v

elle autorife par principe la vengeance que notre Seigneur Jefus-Chrift a abolie, tant par fon
exemple que par les paroles de fon Evangile ,
qui nous ordonne d'aimer nos ennemis, de faire
du bien à ceux qui nous haïffent , & de leur rendre tout le bien que nous pourrons , pour le mal
qu'ils nous auront fait. En troifiéme lieu , cette
doctrine permet à chaque particulier d'être Jugé
en fa propre caufe & en celle des autres , puif-
qu'elle lui donne le pouvoir de juger de la juftice
& de l'injuftice des accufations formées contre
lui , ainfi que de la compenfation du mérite &
des injures, & de la vengeance qu'il peut exer-
cer contre fon accufateur , déguifé fous le nom
de calomniateur : comme fi ce n'étoit pas la
chofe la plus ordinaire & la plus connue, que
l'accufation la plus légitime eft traitée d'injufte
& de calomnieufe par l'accufé, qui a intérêt de
la nier & de la démentir, pour s'en décharger.
En quatriéme lieu , cette doctrine anéantit le
Gouvernement eccléfiaftique , civil & politique,
que Dieu a établi pour conferver les peuples dans
la Religion , la Paix & la Juftice , en réprimant
par les juftes réfolutions & décifions de l'Eglife,
des Souverains & des Magiftrats, les erreurs
morales , les difcordes continuelles, les paffions
& les intérêts qu'elles excitent entre les Particuliers. Cinquiémement enfin cette doctrine réprouvée ruine jufques dans fes fondémens l'union des
Chrétiens , la fociété civile : elle jette dans une
extrême confufion l'Eglife & les Etats : elle y
excite une guerre continuelle de calomnies , !
comme parmi les Infidéles & les peuples fau-
vages , qui n'ayant point de gouvernement fpi-
rituel , ou temporel bien policé, pour les con-
duire & les réprimer , fe chargent d'injures &
s'oppriment les uns les autres fans regle ni me-

fure, selon que leurs passions les emportent &
les mettent en fureur.

VI. Ce sont de si pressans motifs qui ont fait
réprouver par l'Eglise cette pernicieuse doctrine
contenue dans la quarante-quatriéme des propositions condamnées par le Pape Innocent XI.
Mais ces Religieux ne l'en ont pas moins sou-
tenue & pratiquée avec une obstination scanda-
leuse. Aucun Docte de l'Europe n'ignore aujour-
d'hui que l'un des abus qui font demander depuis long-tems la réformation du régime de ces
mêmes Religieux, est cette liberté licentieuse
qu'ils se donnent de calomnier & de diffamer,
selon qu'il convient à leurs intérêts, & sans dif-
tinction de personnes, tous ceux qui s'opposent
à leurs prétentions. Dans les quatre parties du
monde connu, l'on a des exemples sans nombre de personnes & de gouvernemens, ecclésiastiques & civils, que ces Religieux ont perdus
par cette abominable pratique.

VII. Nous nous contenterons de rapporter
quelques uns de ces exemples les plus signalés
& les plus scandaleux. Tels font, en Asie celui
du bienheureux Martyr *Frere Louis Sotelo*, de
l'Ordre de S. François, auquel les Jésuites firent
perdre son crédit & sa réputation, pour l'empêcher d'entrer au Japon : celui du pieux & zélé
Dom Philippe Pardo, Archevêque de Manille :
celui du *Cardinal Tournon*. En Amérique ; celui
du *Bienheureux Dom Jean de Palafox & Mendoza*, Evêque de Los Angelés : celui de *Dom
Bernardin de Cardenas*, docte, zélé & pieux
Evêque de Paraguai : ceux enfin de tant d'autres
Prélats, de tant d'hommes illustres en vertus &
en doctrine, des Ordres de S. Dominique & de
S. François, que les Jésuites ont horriblement
calomniés dans ces deux parties du monde ; sans

compter le nombre infini de Gouverneurs & Officiers Royaux des Etats d'outre-mer , & de ceux d'Europe. Ces Religieux les ont perdus & ruinés par leurs détestables calomnies , quand ils les ont trouvés pleins de fermeté & de zèle , pour préférer le service de leurs Souverains , leur conscience & leur honneur , aux intérêts de leur Société.

VIII. C'est cette manœuvre abominable & cette pernicieuse doctrine , qui a fourni jusqu'à présent le premier prétexte dont ces Religieux se sont autorisés pour calomnier horriblement la royale & très-clémente personne de Sa Majesté , & son très-digne & très-glorieux Gouvernement. La preuve en est pleinement acquise par les faits qui sont les solides fondemens de la Sentence rendue le 12 du présent mois de Janvier contre les criminels qui ont subi le dernier supplice. Ces Religieux étoient outrés de ce que notre Monarque avoit fait informer le Pape avec autant de précision que de modération , d'une petite partie des horribles désordres arrivés au Paraguai & au Maragnan , afin qu'il plût à Sa Sainteté d'ordonner la réforme de ces Religieux , pour l'avantage de leur observance réguliere. Une démarche si pieuse & si modérée n'a produit d'autre effet , que de les porter à se révolter contre les Loix divines & humaines. Au mépris des préceptes de l'Evangile & des Decrets de l'Eglise ci-dessus rapportés , ils se sont précipités à l'aveugle dans des impostures & des calomnies aussi noires qu'exécrables. Ainsi tandis que d'une part , tous les états de ce Royaume , en reconnoissance des priviléges & des bienfaits dont ils étoient comblés par la royale bonté , la magnificence & l'amour paternel du Roi notre Seigneur , offroient au suprême arbitre de

la vie, les vœux les plus continuels & les plus
fervens pour la confervation & la profpérité de
leur augufte bienfaiteur, & ne ceffoient de donner à Sa Majefté les marques les plus vives &
les plus fignalées de leur gratitude : on voyoit
dans le même tems ces Religieux s'acharner
avec une artificieufe & exécrable perfidie à noir-
cir les royales & héroïques vertus de Sa Majefté, à calomnier fon très-heureux & très-doux
gouvernement, à feindre que dans fon Royaume il n'y avoit que défolations, que ruines &
défordres ; diffimulant les avantages & les bienfaits que produifent les foins & les attentions de
S. M. & qui furpaffent ceux dont les Sujets du
Portugal ont été redevables, depuis la fondation
de ce Royaume, à leurs plus pieux, plus clémens
& plus fages Souverains.

IX. Ces Religieux ne fe font pas contentés de
divulguer ces noires calomnies & ces horribles
impoftures dans les pays étrangers, par les Let-
tres qu'ils écrivoient malicieufement & en fecret
aux autres membres de leur Société, afin qu'ils
les répandiffent dans les converfations & dans les
nouvelles publiques, à la faveur de l'éloigne-
ment. Ils en font venus (ce qui eft bien plus cri-
minel) jufqu'à cette exceffive & impudente audace, d'infinuer & de femer, au mépris de la
notoriété publique, ces mêmes calomnies au-
dedans même de la Capitale & des Provinces de
ce Royaume, pour parvenir enfin à cette abominable conjuration qu'ils ont formée avec les coupables de l'attentat facrilége de la nuit du 3 Septembre de l'année derniere. Chacune de leurs
Maifons Religieufes, & celles de leurs confé-
dérés, étoient devenues comme les Tribunaux
où l'on décidoit des impoftures & des calomnies qui feroient les plus propres à rendre odieux

le nom & le très-généreux gouvernement de S. M.
C'eſt par ces infâmes artifices que ces Religieux
en ont impoſé à l'ignorance & à la crédulité de
quelques-uns des criminels qui ont été punis,
& d'autres perſonnes ſimples, idiotes, & qui ne
ſont point au fait du gouvernement politique.
C'eſt ce qui eſt démontré de la maniere la plus
évidente & la plus forte, par les faits ſur leſ-
quels eſt appuyée la Sentence rendue contre les
coupables de ces affreux attentats.

SECONDE ERREUR.

X. Une ſeconde pratique imaginée par les
Philoſophes les plus impies, & que le déteſtable
Machiavel, proſcrit & anathématiſé, a recueil-
lie de leurs abominables leçons, *c'eſt que chacun
pour ſa propre utilité & pour ſon propre intérêt,
peut legitimement comploter & exécuter la mort
d'autrui.* Cet héréſiarque, vrai coriphée de toutes
ſortes d'impiétés politiques, ne ſe contente donc
pas, en autoriſant la calomnie, de faire perdre
la vie civile, dont l'honneur eſt le véritable ali-
ment, il veut encore que l'on ſacrifie à ſon intérêt non-ſeulement la vie naturelle de ſon prochain, mais encore ſa vie éternelle, en l'expo-
ſant à ces funeſtes accidens qui ſont inſépara-
bles des meurtres commis en trahiſon, & im-
prévus par les malheureux qui ſouffrent une mort
à laquelle ils n'étoient pas préparés. Cette abominable erreur eſt un des plus juſtes motifs qui
ont fait condamner par le S. Siége les Œuvres de
Machiavel.

XI. Ce que cet impie a écrit en termes ſimples
& à découvert ſur cette matiere, a été enſeigné
plus artificieuſement par les Caſuiſtes de la Compagnie. L'un des plus ſcandaleux de ces Mora-

fistes est le Pere François Lami, qui dans son Tome 5, *Disp.* 36, *n.* 118 de l'édition d'Anvers, s'explique de la maniere suivante :

» On ne peut nier que les Ecclésiastiques &
» les Religieux ne puissent & ne doivent même
» souvent défendre avec justice cet honneur &
» cette réputation, qui naît de la vertu & de la
» science ; tant parce que c'est en cela que con-
» siste véritablement l'honneur propre à leur
» profession, que parce qu'en le perdant, ils
» perdent un très-grand bien. C'est par leur
» réputation qu'ils se rendent estimables & res-
» pectables aux Laïcs qu'ils dirigent, & qu'ils
» leur font d'un grand secours par leurs vertus
» & leurs décisions. S'ils perdoient leur hon-
» neur, ils ne pourroient ni les diriger ni leur
» être d'aucune utilité. Il est donc constant que
» les susdits Ecclésiastiques peuvent défendre
» leur honneur & leur réputation ; du moins en
» se renfermant dans les bornes d'une modéra-
» tion & d'une défense excusable, laquelle peut
» aller jusqu'à tuer ceux qui les diffament. Ils
» font même quelquefois obligés par la loi
» de la charité, de défendre de cette maniere
» (c'est-à-dire par l'homicide) ledit honneur ;
» & cela dans le cas où la perte de leur réputa-
» tion tourneroit au deshonneur de tout leur
» Ordre, &c.

XII. Mais il n'y en a point de plus scandaleux & de plus nuisible que leur Busembaum, dont le livre intitulé *Medulla Theologiæ Moralis*, est extrêmement répandu dans tous les états de ce Royaume, à cause de la petitesse de ce volume & de la modicité du prix. Ce Casuiste se propose cette question, *lib.* 3, *tract.* 4, *cap.* 1, *dub.* 3. *Quand & comment il est permis de tuer de son autorité-privée un injuste aggresseur ?* Il auroit dû établir que suivant la regle, personne ne peut jamais tuer qui que ce soit de son autorité privée, parce que de semblables homicides sont défendus par le droit divin & naturel ; qu'ils sont opposés à la conservation de la société civile ; & que les Loix enseignent comme un principe indubitable, que le droit de vie & de mort n'appartient qu'à la jurisdiction suprême des Souverains, pour les raisons pressantes & indispensables qu'ont été indiquées au nombre 5 du présent Écrit : Busembaum au contraire se donne la pernicieuse & maligne liberté de soutenir dans son troisiéme doute, comme des dogmes certains, les propositions suivantes.

XIII. Au nombre 5, après avoir proposé dans les précédens cette question, s'il est permis de tuer un voleur pour recouvrer ce qu'il a pris ; & après avoir décidé que cela est fort permis, quand la chose volée n'est pas de petite valeur ; il ajoute :

» De plus, il est probable que ces moyens
» (c'est-à dire l'homicide ou le meurtre) sont
» permis aux Ecclésiastiques & aux Religieux,
» pour recouvrer leurs biens temporels. Ce que
» l'on trouve d'écrit au contraire, se doit entendre
» des cas où l'on n'observeroit pas la modération
» d'une défense excusable.

Ibid. n. 6. » Quand l'injuste aggresseur se trou-
» ve en danger de son salut, celui qu'il a offensé
» peut lui pardonner, par charité, le tort qu'il
» en a reçu : mais il n'y est point obligé, parce
» que c'est par sa propre méchanceté que cet
» aggresseur a mis son salut en péril.

Ibid. n. 8. » Pour la défense de sa vie ou l'in-
» tégrité de ses membres, il est de même permis
» à un fils, à un Religieux, à un Sujet, obligés
» de se défendre, de tuer son pere, son supérieur

» & fon Prince , pourvû que la mort de ce Prince
» ne donne pas lieu à de grands défordres , comme
» des guerres , &c. » *Syl. Bonac.*

Ibid. n. 9. » Il eſt encore permis de tuer celui
» que nous ſçavons certainement ſe préparer à
» nous ôter la vie en trahiſon. »

Ibid. n. 10. » A ce ſujet, quelques-uns, comme
» Sanchez 2. *mor. cap.* 29. & autres, diſent qu'il
» eſt auſſi permis de tuer celui qui intente contre
» nous une fauſſe accuſation devant un Juge , &
» qui rend un faux témoignage, quand il eſt
» certain que la mort ou la mutilation des mem-
» bres en doit être l'effet ; & même (ce que
» quelques Auteurs n'accordent que difficilement)
» quand de cette fauſſe accuſation ou de ce faux
» témoignage, il ne devroit s'enſuivre que la
» perte de l'honneur ou des bien temporels , &c.
» De tels meurtres ne ſont point des homicides ,
» mais une pure défenſe ; bien entendu néanmoins
» qu'il faut être aſſuré de l'injure de celui qui
» nous offenſe , & qu'il n'y ait pas d'autre moyen
» de l'éviter.

Ibid. n. 11. » Toutes les fois que quelqu'un ,
» ſuivant la doctrine ci-deſſus expoſée, a droit
» d'en tuer un autre , il peut en donner la com-
» miſſion à une autre perſonne en ſon nom. La
» charité même perſuade qu'on doit accepter
» cette commiſſion. Filliutius Tanner. *c.* 3. *D.*
» 4. *queſt.* 8. Molina *D.* 18. Et pour ſçavoir quand
» & comment l'on y eſt obligé, il faut voir
« Leſſius *lib.* 2. *cap.* 3. *D.* 13 , Diana 5. *part.*
» *tom.* 4. *reſol.* 6. 14. 20.

XIV. Ces dogmes pernicieux , ſanguinaires &
ſéditieux ont été proſcrits par l'Egliſe Catholique.
Ils ſont contenus dans les propoſitions 17 , 18 ,
19 , condamnées par le Pape Alexandre VII ; &
dans les propoſitions 13 , 14 , 30 , 31 , 32 , 33 ,

parmi celles qui l'ont été par le Pape Inocent XI.
Ces condamnations n'ont pas empêché les Jesuites
d'enseigner, de persuader, de faire pratiquer ces
maximes meurtrieres, avec une opiniâtreté égale
à celle qu'ils ont montré à soutenir cette autre
Machiavelique absurdité, qui autorise à calomnier le prochain pour le perdre. Il est constant
qu'ils ne se contentent pas de les enseigner encore
actuellement, mais qu'ils les mettent en pratique.

XV. Ils l'enseignent ouvertement. Leur Pere
Dominique Viva faisant l'exposé de la dix-septiéme des propositions condamnées par le Pape
Alexandre VII, après avoir d'abord déguisé les
termes de son confrere *François Lami*, que nous
avos litteralement transcrites ci-dessus, s'efforce
de persuader que *Lami* n'a proposé cette doctrine
que par maniere de dispute, ou comme des argu-
mens de doute. Il est au contraire prouvé par
l'évidence du fait, que c'est absolument & sans
aucune restriction ni modification que ce Jesuite a
exposé son sentiment dans cette proposition.
Ensuite *Viva*, pour donner lui-même du crédit à
cette pernicieuse doctrine, avance que *Navarre*,
Caramuel, & *Sayro* l'ont aussi enseignée. Dans
le commentaire qu'il fait après cela de cette proposition, il la laisse subsister dans un sens plus
mauvais, ou du moins également nuisible à
la Religion & à la societé civile.

XVI. En effet le sens naturel de cette proposition 17, est que l'on ne peut tuer un calomniateur, que pour cause de calomnies énormes, &
d'une atroce & irréparable infamie, qui en seroit
la suite. Mais Viva outre bien davantage cette
décision ; puisque sans parler de l'énormité de la
calomnie, & de l'infamie qui en seroit l'effet,
il établit, comme on le voit, *Ibid. n.* 4.

» Qu'en certains cas, *in aliquo casu*, l'innocent

» doit supporter *quelque diffamation*, plutôt que
» de se permettre cette défense meurtiere, ou de
» se donner la liberté de tuer. »

Donc, à l'exception de certains cas particuliers,
l'innocent n'est point obligé, généralement &
absolument parlant, de supporter une diffamation
même légere : car cette exception, *in aliquo casu*,
confirme la régle générale & contraire. Donc
une diffamation grave, & l'infamie qui en doit
revenir, ne se doit jamais supporter en aucun cas.
Ces deux conséquences suivent nécessairement de
ce que dit ce Jesuite. Mais elles ont été évidemment condamnées par l'Eglise, dans la propofi-
tion si subtilement expliquée par *Viva*.

XVII. *Martin Torrecilhas*, autre probabiliste,
a fait usage de la même subtilité, mais d'une
maniere encore moins enveloppée, dans le commentaire qu'il a publié sur lesdites propositions
condamnées.

XVIII. Ce Cafuiste relâché, discutant cette
dix-septiéme proposition condamnée par le Pape
Alexandre VII, s'explique à la page 471 n. 14. de
la maniere suivante.

» Dans la proposition qui est la dix-septiéme
» de celles que le Pape Alexandre VII, a condam-
» nées, & qui porte qu'il est permis aux Reli-
» gieux & au Eccléfiastiques de tuer les calom-
» niateurs qui les menacent de grands dommages,
» quand on ne peut autrement s'en défaire ; je
» ne vois pas que la condamnation tombe sur ce
» que l'on peut dire, qu'il est permis de tuer ces
» calomniateurs, dans le moment même qu'ils
» tiennent des difcours fort nuisibles à la réputa-
» tion, à moins qu'on n'ait un autre moyen d'é-
» viter un si grand mal. *n*.

Et après avoir continué son difcours, il con-
clut ainsi au n. 32.

» Partant, l'on ne voit pas plus que ce soit une
» opinion condamnée , de dire que dans le cas
» même de cette proposition , un Religieux ou
» un Ecclésiastique qui tueroient son calomnia-
» teur , ne feroit coupable que d'un péché véniel.

XIX. Le même Torrecilhas discutant les autres
propositions condamnées par le Pape Innocent
XI. s'exprime ainsi page 472. n. 9.

» Dans la dix-huitiéme proposition, qui est
» une de celles qui ont été condamnées par Inno-
» cent XI, touchant le meurtre d'un calomniateur,
» d'un faux témoin , & du Juge qui nous menace
» d'un dommage qui ne se peut éviter ; ce n'est
» point un sentiment condamné de dire , que la
» doctrine réprouvée dans cette proposition est
» spéculativement probable. Il n'est pas non plus
» défendu de dire , que si dans la pratique on
» faisoit l'action condamnée dans la même pro-
» position, ce ne feroit qu'un péché véniel.

A la page 473. n. 2). il ajoute : » Dans les
» termes de la condamation de ladite proposition
» 18. il est probable que la proposition & la
» condamnation qui en est faite , ne doivent s'en-
» tendre que de l'aggresseur *in actu primo*, & non
» de l'aggresseur *in actu secundo*, qui est celui
» qui réellement & actuellement nous offense.

Ce Jésuite cite en faveur de cette détestable
doctrine *Prado*, *Lugo*, *Navarre*, *Bonacina* &
Landro.

XX. De maniere que moyennant la subtilité
de ces termes de l'Ecole, *speculativè*, *practicè*,
in actu primo, *in actu secundo*, l'on peut soutenir,
contre l'esprit , le motif, & même contre la condamnation littérale des susdites propositions, qu'il
est spéculativement probable qu'on peut tuer
licitement dans les cas contenus en ces propositions : & même que quand des Ecclésiastiques

ou des Religieux passeroient pardessus cette condamnation, en tuant ceux qui leur paroîtroient
devoir l'être, ils ne commetroient qu'un péché
véniel. Il est encore très-permis de croire, suivant
ces Docteurs, que la condamnation de ces propositions ne défend que l'homicide *in actu primo*,
c'est-à-dire, celui par lequel on tueroit une personne qui n'est que dans l'intention de nous faire
du mal; mais que ce ne seroit point un péché de
tuer *in actu secundo*, c'est-à-dire, de tuer la
personne qui nous a réellement fait tort. Avec
ces jeux de mots & ces distinctions puériles &
scholastiques, on renverse non-seulement la
Morale Chrétienne & l'Evangile, mais encore la
morale même des Philosophes Païens, qui n'ont
été dominés que par la force de la raison naturelle.

XXI. Si *Socrates*, *Platon*, *Demosthenes*, *Ciceron*
& *Seneque* revenoient au monde, ils ne pourroient
s'empêcher de tonner de toute la force de leur
éloquence, & de se récrier hautement contre ces
trompeuses distinctions, jusqu'à ce qu'ils vissent
bannis du milieu des hommes, ces dogmes
cruels, sanguinaires & si pernicieux pour la
société civile, pour les Princes & pour toute
créature raisonnable. Mais si nous consultons les
Oracles divins, il est encore plus certain que ces
criminelles distinctions effacent entierement le
caractere essentiel du Christianisme, qui consiste
dans la charité, par laquelle nous sommes
obligés de rendre le bien pour le mal.

XXII. Ecoutons notre Seigneur Jesus-Christ,
qui nous a si amplement instruit à ce sujet par
son Evangeliste S. Matthieu & par son Apôtre
S. Paul.

» Pour moi, je vous dis de ne point résister
» aux mauvais traitemens (Matth. 5.) Mais si
» quelqu'un vous frappe sur la joue droite, pré-

» fentez-lui la gauche (v. 39.) Priez pour ceux
» qui vous perſécutent & qui vous calomnient,
» afin que vous ſoyez les enfans de votre Pere
» qui eſt dans les Cieux. (v. 44.) Si vous n'ai-
» mez que ceux qui vous aiment, quelle récom-
» penſe en aurez-vous ? Les Publicains mêmes
» ne le font-il pas ? (v. 46.) Soyez donc par-
» faits, comme votre Pere céleſte eſt parfait.
» (v. 48.) Vous ſerez heureux, lorſque les
» hommes vous chargeront d'injures, vous per-
» ſécuteront & diront fauſſement toute ſorte de
» mal contre vous à cauſe de moi. (v. 11)
» C'eſt à moi à qui appartiendra la vengeance,
» & c'eſt moi qui la ferai, dit le Seigneur
» (Rom. XII. 19).

Si l'on vouloit ajouter à ces autorités divines
toutes les explications que les ſaints Peres en ont
faites pour en imprimer l'obſervation dans les
cœurs des Chrétiens, l'on excéderoit infiniment
les bornes que l'on ſe propoſe dans ce précis.

XXIII. Ces mêmes erreurs condamnées, néanmoins palliées par les vains ſubterfuges que
nous avons rapportés, ſont réellement ſuivies
aujourd'hui dans la pratique par les Jéſuites.
Les preuves réſultantes des informations qui ont
ſervi de fondement ſolide à la Sentence du Tribunal de l'Inconfidence, ont manifeſtement démontré que c'eſt en inſiſtant ſur les calomnies
répandues & accréditées par ces Religieux contre
la royale perſonne & le glorieux gouvernement
du Roi notre maître, qu'ils ſont convenus avec
leurs complices des points ſuivans dans les aſſem-
blées qu'ils tenoient avec eux à S. Roch, à S.
Antoine (*a*) & ailleurs. Premierement, que
l'unique moyen qui pouvoit ſûrement effectuer

____

(*a*) Ce ſont les deux Maiſons des Jéſuites de Liſbonne.

le changement du gouvernement, à quoi tendoit principalement le projet téméraire, étoit
d'attenter à la vie de Sa Majesté. Secondement,
que les mêmes Religieux procureroient la sureté
& l'impunité aux sacriléges exécuteurs de cet
infernal parricide. Troisiémement, que ces exécrables monftres, en commettant ce parricide,
ne feroient pas même coupables d'un péché véniel. Enfin, c'est la fpéculation & la pratique
de cette doctrine déteftable qui ont fervi de prétexte & d'appui aux conférences & confpirations
d'où s'est enfuivi l'horrible attentat de la nuit du
3 Septembre 1758.

TROISIÉME ERREUR.

XXIV. L'impiété de Nicolas Machiavel a encore eu pour but de bannir du milieu des hommes la vérité, en l'immolant à l'intérêt. C'est
à quoi tendoient visiblement ces maximes, dont
il a voulu perfuader le monde : *que si le menfonge
est utile pour la confervation du corps, de l'honneur & des biens, l'on peut mentir, ou se fervir,
pour tromper, d'équivoques & de reftrictions mentales ; qu'il est permis de cacher, par le moyen
de ces équivoques & de ces reftrictions, la vérité
des faits, fauf à s'expliquer plus clairement en-
fuite, ainfi qu'il appartiendra.* Cet Héréfiarque
politique n'a pas même refpecté la religion du
ferment : au contraire, il a pris à tâche de perfuader que par le moyen du ferment employé fans
fcrupule, *l'on donneroit plus de poids, & l'on
attireroit une croyance plus affurée aux men-
fonges, aux reftrictions & aux équivoques arti-
ficieufes.*

XXV. Mais le menfonge direct ou indirect est
diamétralement oppofé à l'effence de la fouve-

raine & éternelle vérité. Il est notoirement deſ-
tructif de la ſociété civile & du commerce que les
hommes ont les uns avec les autres. Cette héré-
tique & déteſtable abſurdité de Machiavel a donc
été un autre motif indiſpenſable de la défenſe
que le Saint Siége a fait de lire les ouvrages d'un
Auteur ſi pernicieux & ſi corrompu.

XXVI. Néanmoins ces horribles maximes,
par leſquelles Machiavel s'eſt efforcé de renver-
ſer ſur ce point la morale chrétienne & évangéli-
que, & la ſociété civile, ont été enſeignées à
peu de différence près, comme de vrais dogmes
par les Religieux de la Compagnie & par leurs
adhérens.

XXVII. L'un des Auteurs les plus accrédités
chez eux, eſt leur Pere *Caſtropalao*. Dans ſes
Œuvres, imprimées & publiées ſous l'autorité
de la Compagnie, on lit, *Tome 3*, *tract.* 14,
diſp. 1, *punct.* 4, *num.* 4, les paroles ſuivantes :

» S'il ſe rencontre une honnête raiſon de ca-
» cher la vérité ; comme s'il vous étoit expédient
» de la déguiſer pour la conſervation de votre
» ſanté, de votre honneur & de votre bien, de
» votre perſonne & de ceux qui vous appartien-
» nent ; & même s'il vous étoit utile de nier une
» vérité ſur laquelle on vous interroge injuſte-
» ment, vous pouvez déguiſer & nier la vérité
» ſans commettre aucune faute. Il vous ſeroit
» même permis de faire un ſerment équivoque
» pour les mêmes raiſons.

Et après avoir cité *Navarre*, *Tolet*, *Suarez*,
Valencia & *Leſſius*, ce même Auteur ajoute :

» *Leſſius* tient pour certain que les mêmes
» choſes ſont permiſes dans le cas où l'on ne
» ſeroit pas interrogé, & où l'on s'offriroit à
» prêter ſerment, lorſqu'on a une juſte cauſe de
» l'employer pour cacher la vérité.

Après

Après avoir cité *Sanchez* & *Bonacina*, il continue en marquant quelles font ces justes caufes.

» En premier lieu, quand on vous interroge
» fur un crime que vous avez commis, vous
» n'êtes point obligé de l'avouer, quand vous
» avez une opinion probable en votre faveur :
» quand vous n'êtes point interrogé juridique-
» ment, ou enfin quand de l'aveu du crime il
» peut s'enfuivre contre vous un notable pré-
» judice, vous pouvez affurer que vous ne l'a-
» vez pas commis, en fous-entendant en vous-
» même que vous ne l'avez pas fait *en prifon*,
» ou *pour l'avouer. Sanchez , Clavis Regia ,
» Navarro.* En fecond lieu, quand on vous quef-
» tionne fur vos complices, vous n'êtes pas
» obligé pour les mêmes raifons de les nommer :
» vous pouvez les cacher en vous fervant des
» mêmes équivoques, autant que vous jugerez
» que cela vous fera néceffaire, &c.

Pour perfuader de la même maniere, que les équivoques & les reftrictions mentales font per-mifes, voici ce que dit Vincent Filliutius, tom. 10 de fa Théologie Chrétienne, *tract.* 25, *cap.* 11, *n.* 325, 326, 327.

» On demande s'il eft quelquefois permis de
» faire un ferment avec une équivoque & une
» reftriction toute mentale...... Je dis en fecond
» lieu qu'il eft plus probable qu'on le peut faire
» dans le cas qui vient d'être rapporté. Je dis en
» troifiéme lieu que cette reftriction mentale ne
» doit point être arbitraire, mais qu'il faut la
» proportionner au fujet & aux paroles de celui
» qui interroge; de maniere que s'il étoit quef-
» tion de l'expliquer, l'on pût voir qu'elle s'y
» rapporte effectivement.

Ibid. n. 329, 330, 331. » Quel eft le péché
» de celui qui ufe d'amphibologie ou d'équivo-

» que, fans avoir un motif raifonnable de l'em-
» ployer ? Je réponds, & je dis premierement,
» qu'il eft probable qu'il commet un menfonge,
» & même un parjure s'il confirme avec ferment
» ce qu'il a dit........ Mais en fecond lieu je dis
» qu'il eft plus propable qu'en rigueur il ne com-
» met ni menfonge ni parjure.

Quantité d'autres probabiliftes enfeignent les
mêmes maximes, & de la même maniere. Entr'autres Trullench, *Lib.* 2. *in Decal. cap.* 1.
dub. 45. Antoine du Saint Efprit, *traâ.* 5. *de
Jur. difp.* 1. *feâ.* 9. *n.* 52. Leffius, *Lib.* 2. *cap.*
42. *dub.* 9. *n.* 48. Caftropalao, *difput.* 1. *de
Jurament. punâ.* 7. *n.* 6. Mallet, *Malliatione* 3.
praâ. 13. Diana, *pars.* 2. *traâ.* 6. *Refolut.* 30.

XXVIII. Mais quoi qu'en difent ces Auteurs,
ces pernicieufes maximes renferment deux pé-
chés énormes. Le premier eft le facrilége abus
du ferment. On abufe d'une chofe quand on
l'employe pour une autre fin que celle pour laquelle elle eft établie : or Dieu même ayant
inftitué le ferment (comme l'Ecriture le déclare)
pour manifefter la vérité par fon moyen, il eft
indubitable que l'on fait un abus groffier du ferment, quand on s'en fert pour cacher ou dé-
guifer la vérité. L'autre péché confifte dans ces
équivoques & ces reftrictions mentales, qui rendent de vrais parjures les fermens employés pour
les confirmer. Ainfi le ferment que Dieu a établi
pour manifefter la vérité, & la vérité elle-même
dont il eft l'auteur & le défenfeur, par laquelle il
conferve la Religion, la fociété & la Communion chrétienne, font renverfés par l'abus de ces
malignes diftinctions, & par l'invention & la
fubtilité de ces termes d'Ecole, qui ouvrent la
porte à la tranfgreffion la plus fcandaleufe des
préceptes divins, & à la ruine manifefte du genre
humain.

XXIX. Les fermens doivent donc toujours être conçus en termes fimples, clairs, diftincts, & éloignés de tout artifice & de toute amphibologie ; ils doivent toujours s'entendre dans leur fens propre & naturel en faveur de la partie qui les exige de bonne foi, & nullement dans le fens que leur veulent donner ceux qui les font avec fraude & malignité, comme le prouve avec autant d'orthodoxie que de lumiere Frere Daniel Concinna, (*a*) tom. 4 *in Decal. deffert.* 4. *cap.* 1.

XXX. La Doctrine contraire paroîtroit horrible aux Païens même, qui n'étoient conduits que par la lumiere de la raifon naturelle ; elle feroit jetter les hauts cris à ces Philofophes Gentils, s'ils reparoiffoient dans le monde, contre ces Chrétiens probabiliftes. L'Hiftoire nous apprend que la Religion du ferment fut fi facrée & fi inviolable chez les Romains, qu'ils condamnoient comme criminelle & facrilége toute explication imaginée pour les éluder. Ce fut cette coutume fi religieufe qui donna lieu à l'évenement que Tite-Livre rapporte, *Decad.* 1, *liv.* 3, *n.* 20. Quelques Tribuns du Peuple ayant voulu interpréter un ferment dans un fens dont le but étoit de décharger de l'obligation de ce ferment le Peuple Romain qui l'avoit fait, ce Peuple en préféra l'obfervation à fon propre intérêt.

XXXI. Si des Philofophes Païens ne manqueroient pas de reprendre avec févérité ces Docteurs du parjure, quels feroient les reproches qu'ils recevroient des SS. Peres de l'Eglife Catholique ? Avec quel zéle ne chafferoient - ils

(*a*) Pieux & fçavant Dominicain de Rome, qui toute fa vie a combattu les erreurs des Jéfuites.

pas du milieu de la Communion chrétienne &
de la société civile ces pernicieuses subtilités,
ces jeux de mots, qui ne sont destinés qu'à donner le démenti à la vérité, à profaner la religion du serment ? Pour concevoir ce que diroient
en cette occasion ces Maîtres si éclairés de notre
foi, écoutons-en quelques-uns.

St *Augustin*, dans la Lettre 125 à Alipe,
parle ainsi : « Je n'hésite pas à dire avec une
» pleine assurance que les paroles dans lesquel-
» les un serment est conçu, doivent toujours
» s'interpréter suivant l'attente de celui qui le
» demande, & non suivant l'intention de celui
» qui le fait. Celui qui jure connoissant la vo-
» lonté de la personne qui demande son ser-
» ment, doit s'y conformer de bonne-foi dans
» son affirmation .... D'où il suit que c'est se
» rendre coupable de parjure que de s'attacher au
» son des paroles pour tromper l'attente de ceux
» pour qui l'on jure.

Et dans sa Lettre 126 : « Celui qui en jurant
» trompe l'attente de ceux qui lui demandent le
» serment, ne peut s'excuser de parjure.

XXXII. St *Isidore*, lib. 2, sent. cap. 31,
dit : « Que celui qui en faisant un serment, se
» sert de paroles artificieuses, sçache qu'il a
» pour témoin de ce qu'il pense Dieu même, qui
» reçoit son serment dans le même sens que l'en-
» tend la personne pour qui il jure. Ainsi celui
» qui fait une affirmation artificieuse se rend cou-
» pable de deux crimes. Il prend en vain le nom
» de Dieu, & il trompe malignement son pro-
» chain.

XXXIII. St *Reymond*, dans sa Somme, *tit.
de juram. & perjur.* vers la fin : « Il faut aussi
» remarquer, dit-il, que si celui qui fait un
» serment, mêle quelque parole double ou arti-

» ficieuſe, il la faut interpréter de la maniere
» que l'entend celui qui n'uſe point de fraude ni
» d'artifice, parce que Dieu qui déteſte les arti-
» fices & les duplicités, n'a égard qu'à la ſimple
» intention de l'un & de l'autre, tant de celui
» qui reçoit le ſerment, que de celui qui le
» fait.

XXXIV. *St Thomas*, 2. 2, q. 89, a. 7. ad
4 : « Quand l'intention de celui qui reçoit le ſer-
» ment, & celle de la perſonne qui le fait, ne
» ſont pas conformes ; ſi cela provient de la
» fraude de celui qui jure, il faut interpréter le
» ſerment ſelon la bonne & ſaine idée de celui
» qui le reçoit.

XXXV. *St Proſper* dans ſon élégant Poëme,
dont les vers ſuivans ſont cités par Hincmar dans
ſon traité ſur le divorce de Lothaire & Thiet-
berge. *At ſi jurandi te cauſa, &c.*

« Si vous êtes dans l'obligation de faire un
» ſerment, que les paroles dont vous vous ſer-
» virez ſoient claires, & votre intention droite.
» Ne penſez pas que l'artifice de vos paroles en
» puiſſe impoſer à Dieu, à qui rien n'eſt caché,
» & qui pénétre le fond des cœurs. Il ne reçoit
» votre ſerment que dans le ſens qu'il eſt entendu
» par la perſonne pour qui vous le faites ; & ſi
» vous l'entendez autrement par fraude & arti-
» fice, vous péchez contre Dieu, & contre ce-
» lui pour qui vous jurez : contre Dieu, parce
» que vous prenez ſon nom en vain : contre vo-
» tre prochain, parce que votre intention eſt de
» le tromper.

XXXVI. Ce ſont des motifs ſi juſtes, qui ont
fait bannir de l'Egliſe & du commerce des Fidéles ces maximes abſurdes, pernicieuſes & dé-
teſtables, qui autoriſent à faire de faux ſer-
mens pour cacher la vérité, ou pour la nier par

intérêt, soit directement, soit indirectement, en ufant de fubtilités, d'équivoques & de reftrictions mentales. Le Pape Innocent XI a profcrit toutes ces tromperies & ces équivoques dans la condamnation des 24, 25, 26, 27 & 28 propofitions, parmi celles qu'il a cenfurées le 2 de Mars 1679.

XXXVII. Mais nonobftant toutes ces raifons & toutes ces autorités, ces mêmes maximes qui ont été réprouvées même par les Philofophes Païens, & bien plus encore par les SS. Peres, & par la décifion du St Siége Apoftolique, qui les a condamnées; il eft notoire que les Jéfuites les enfeignent, les fuivent & les pratiquent.

XXXVII. Si pour s'en convaincre, on ne trouve pas fuffifant ce que nous avons rapporté de leurs Cafuiftes, on peut y ajouter quantité d'autres Ecrivains de cette Société, cités & réfutés par le très-pieux & très-docte Théologien Fr. Daniel Concina, tom. 4, *in Decal. dif*. 4, c. 1, 3 & 5.

XXXIX. Pour mettre le comble à la conviction, que les Jéfuites pratiquent encore actuellement ces maximes déteftables, il fuffit de lire la fentence de dégradation rendue par le Tribunal des Ordres le 11 du préfent mois de Janvier. (*a*)

On y lit ces paroles : « Et quoique les crimi-
» nels François de Affiz de Tavora, & D. Jerôme
» de Ataïde ayent opiniâtrément nié de s'être
» trouvés préfens au fufdit attentat, ils en ont
» été néanmoins pleinement convaincus par un
» grand nombre de témoins oculaires & par des

___

(*a*) Cette Sentence n'eft pas celle qui a condamné les Conjurés à la mort. On ne l'a point encore vûe en France.

» faits perſonnels, qui en quelque cas que ce
» ſoit forment des preuves conformes au droit.

XL. Ces Criminels avoient donc contre eux
plus de preuves qu'il n'en falloit, & les plus
concluantes pour prouver les crimes mêmes les
moins privilégiés. Ils ſçavent parfaitement que
l'on avoit une certitude poſitive qu'ils étoient
réellement coupables du crime dont il s'agit. Et
malgré tout cela ils ſe ſont toujours tenus ſur la
négative avec l'opiniatreté la plus inflexible,
tant par rapport à eux-mêmes, qu'à l'égard de
leurs complices. La notoriété de leur crime, &
l'aſſurance même où ils étoient que le parti
qu'ils avoient pris de le nier, ne leur pouvoit
ſervir de rien, n'ont pû ni les faire plier ni les
fléchir. On a ſçu d'ailleurs qu'ils s'étoient affermis
dans cet endurciſſement & cette obſtination par
des raiſons qui ne pouvoient venir que d'une
conſcience erronée. On les avoit perſuadés qu'ils
ne s'étoient pas même rendus coupables d'un
péché véniel, en prenant part à l'horrible attentat
pour lequel ils ont été punis, & qu'ils n'étoient
point obligés d'avouer leurs crimes & ceux de
leurs complices, quoiqu'ils en fuſſent judiciaire-
ment interrogés, comme de fait ils l'ont été
ſous la religion du ſerment.

XLI. Leur conduite a été d'autant plus inexcu-
ſable, qu'il s'agiſſoit d'une conjuration & d'une
trahiſon formelle, & ſi pernicieuſe, qu'elle étoit
capable de perdre tout le Royaume & ſes dépendances, de le précipiter dans la confuſion, la
conſternation & la calamité la plus horrible. Il
ſuffiſoit que ce fût une trahiſon au première chef,
pour obliger en conſcience non-ſeulement ces
criminels, mais encore toute autre perſonne qui
auroit eu connoiſſance d'un crime ſi atroce, à
le dénoncer, en ſacrifiant au bien public les

coupables , fous peine d'être foumis au même chatiment que méritoient les traitres. C'eft ce qui eft expreffément porté au liv. 5. des Ordonnances tit. 6. §. 12.

XLII. Cette Ordonnance a toujours été reçue & obfervée dans ce Royaume , elle ne peut pas même être violée fans crime , attendu fa néceffité pour la confervation de l'intérêt & du repos public. Le contraire eft une erreur que l'Eglife a condamnée dans la vingt-huitiéme des propofitions qui ont été cenfurées par le Pape Alexandre VII. le 24. Septembre 1685. Mais au lieu de convenir qu'il eft néceffaire pour le bien commun & l'intérêt public , que des coupables de crimes de cette efpéce foient dans une étroite obligation de nommer leurs complices ; ces Religieux probabiliftes ont eu l'indignité d'écrire , que l'on devoit préferer le bien particulier & l'injufte fureté des complices à l'intérêt public , qui exige que l'on éteigne une conjuration qui ne peut que le ruiner.

QUATRIÉME ERREUR.

XLIII. Les trois erreurs que nous venons de relever font fans doute très - préjudiciables à l'Eglife & à l'Etat. Mais voici d'autres abus , qui le font , s'il eft poffible , bien davantage. Le vénérable Serviteur de Dieu , *D. Jean Palafox & Mendoza* , Evêque de Los Angelès , les a repréfentés au Pape Innocent XI , par fa lettre du 8 Janvier 1649 , pour l'engager à les réprimer par fon autorité.

Voici comme le faint Evêque s'explique aux art. 108 , 109 & 110 de cette lettre.

» Y a-t-il dans le monde une autre Religion » qui ait des Conftitutions particulieres & fecre-

» res, des priviléges inconnus, des statuts im-
» pénétrables, & qui cache tout ce qui concerne
» son gouvernement, comme un profond myf-
» tère ? J'avoue que tout ce qui eft inconnu peut
» avoir une apparence de merveilleux ; mais on
» ne peut s'empêcher de le tenir pour fufpect. Cela
» eft très-vrai & très-évident, fur-tout à l'égard
» des Corps eccléfiaftiques. Les Statuts de tous
» les autres Ordres Religieux, leurs Conftitu-
» tions, leurs Régles, les décifions des Conciles
» de l'Eglife, de tous les Souverains Pontifes,
» des Cardinaux, des Evêques, de tout le Clergé
» en général, font manifeftés à tout l'Univers.
» L'Eglife n'a jamais haï la lumiere, elle n'a que
» les ténèbres en horreur, parce qu'elle eft tou-
» jours éclairée de cette fource éternelle de lu-
» miere, qui a dit, *Je fuis la lumiere du monde.*
» Auffi trouve-t-on par-tout & dans toutes les
» Biliothéques publiques, les priviléges, les in-
» ftructions, les directions, les ftatuts de tous
» les autres Ordres Religieux. Un fimple Novice
» de l'Ordre de Saint François peut voir & ap-
» prendre tout ce qu'il devroit fçavoir, fi dans la
» fuite il arrivoit qu'il fût élu Général de cet
» Ordre Séraphique.

„ Mais chez les Jéfuites, il y a grand nombre
„ de Religieux, même parmi les Profez, qui ne
„ font point inftruits de toutes les Conftitutions de
„ la Compagnie, de fes priviléges, de fes ftatuts.
„ On n'en confie le fecret qu'à un petit nombre,
„ comme votre Sainteté peut le fçavoir. Leur Gou-
„ vernement ne fe conduit point par les régles de
„ l'Eglife Catholique, mais fuivant les maximes
„ d'une direction cachée qui ne font fçues que des
„ Supérieurs, & par des dénonciations fecretes &
„ dangereufes, qui font chaffer une infinité de
„ Sujets avant même qu'elles leur foient connues.

,, Enfin ils se gouvernent plutôt par des coutumes
,, particulieres, que par des loix autorisées : ce
,, qui est visiblement contraire à la loi naturelle
,, & à la raison.

XLIV. Ajoutons à cela cet abus par lequel les
Supérieurs de cette Société ont dans chaque Pro-
vince un Conseil secret composé d'hommes qui
s'assemblent, sans que hors de leurs maisons on
puisse sçavoir, ni pour quel sujet ils tiennent
leurs conférences particulieres, ni quelles sont les
résolutions qu'ils y prennent. Ces Conseillers n'ont
point d'autres loix que celles de leurs sentimens
secrets, de leurs coutumes impénétrables, & sur-
tout de leur fantaisie, & de l'intérêt qui les ras-
semble dans ces conventicules. Par le moyen de
ces mystérieux & pernicieux secrets, ils se sont
arrogés un despotisme absolu, qui leur fait pro-
noncer arbitrairement la punition ou le châtiment
de qui ils veulent, & comme il leur plaît. S'af-
franchissant de toutes les loix inviolables du droit
naturel & divin, ils ne prennent pas la peine
d'entendre ceux qu'ils punissent ou qu'ils chassent ;
ils ne leur donnent pas même connoissance des
fautes dont on les accuse, ni la liberté de se défendre ; & ils tiennent tous leurs inférieurs dans
une servile sujetion, pour leur faire exécuter à
l'aveugle tout ce qu'ils leur ordonnent.

XLV. Les Romains, dans le temps même qu'ils
étoient livrés au culte des faux Dieux, malgré
toute leur superstition, éclairés comme ils étoient
des lumieres de la politique, proscrivoient tout
culte particulier & toute cérémonie secrete de
gens qui se feroient assemblés sous prétexte de
Religion, sans que l'on pût sçavoir hors de leurs
assemblées ce qui s'y passoit. La même raison d'E-
tat qui leur avoit fait faire défenses, a également
servi de fondement aux Loix saintes & nécessai-

res, qui depuis ont condamné de semblables conventicules; ainsi qu'on le voit dans la Loi des Em-
pereurs Arcade & Honorius au Code *tit. de Episc.*
& Cler. l. 15.

,, Nous défendons, dit cette Loi, toutes af-
,, semblées clandestines & illicites qui se tiennent
,, hors de l'Eglise dans des maisons particulieres,
,, sous peine de proscription contre les Proprié-
,, taires de ces maisons, qui y recevront des
,, Clercs, pour faire hors de l'Eglise des assem-
,, blées tumultueuses.

Cette défense d'assemblées clandestines & se-
cretes est une Loi que la raison d'Etat qui l'a fait
faire, a rendu commune & inviolable dans tous
les Pays de l'Europe.

XLVI. C'est pour cette raison que les hommes
les plus célébres par leurs lumieres, leur piété &
leur religion, dans le temps que ces conventicules
secrets corrompoient déja l'observance des premiers statuts de la Compagnie, se sont récriés
contre cet abus pernicieux. Ils en ont même prévu
toutes les conséquences, qui ne pouvoient manquer de causer les plus grands maux à l'Eglise & à
l'Etat.

XLVII. Parmi ces grands hommes il n'en est
point qui ait brillé avec plus d'éclat par sa science
& ses vertus, que le célébre Docteur *Melchior
Cano*, Evêque de Canaries. Voici comme il s'explique dans la Lettre qu'il a écrite au Pere *Regla*
de l'Ordre de S. Augustin, Confesseur de l'Empe-
reur Charles-Quint.

,, Plaise à Dieu qu'il ne m'arrive pas ce que la
,, Fable dit être arrivé à Cassandre, aux prédic-
,, tions de laquelle on n'ajouta foi, qu'après la
,, prise & l'incendie de Troye. Si les Religieux de
,, la Compagnie continuent comme ils ont com-
,, mencé, Dieu veuille qu'il ne vienne pas un

„ temps , où les Rois voudront leur réſiſter , & ne
„ trouveront aucuns moyens de le faire.

XLVII. Arias Montanus , célébre Bibliothé-
caire du Roi d'Eſpagne Philippe II , Eccléſiaſti-
que du mérite le plus diſtingué , très-verſé dans
les Saintes Ecritures , qui , comme tout le monde
ſait , réuniſſoit une grande piété à un profond
ſçavoir , s'exprime ainſi dans une Lettre qu'il écri-
vit à ce Monarque , datée d'Anvers le 18 février
1571.

„ Comme ſerviteur fidéle & plein de reconnoiſ-
„ ſance envers Sa Majeſté , pour m'acquitter des
„ obligations que m'impoſent la ſimplicité chré-
„ tienne , le ſervice de Dieu , celui de votre Ma-
„ jeſté , & l'intérêt du bon gouvernement de ces
„ Provinces qui vous ſont ſoumiſes , je ſupplie &
„ exhorte votre Majeſté , qu'au nombre des inſ-
„ tructions qu'Elle doit faire expédier , & dont
„ Elle doit ordonner la plus exacte obſervance
„ aux Gouverneurs & Miniſtres qu'elle a envoyés
„ dans ſes Etats de Flandre , & qu'elle y enverra
„ par la ſuite , votre Majeſté leur recommande
„ expreſſément de n'avoir aucune liaiſon particu-
„ liere avec les Jéſuites , de ne leur communi-
„ quer aucune affaire , & de ne pas même ſouffrir
„ que ces Religieux ſe prévalent de leur autorité
„ & de leur crédit , mais ſur tout que le Gouver-
„ neur de ces Provinces ne prenne aucun de ces
„ Peres pour Aumônier ou pour Confeſſeur. De-
„ vant Dieu & ſur ma conſcience , j'oſe dire que
„ j'entends & vois clairement , que rien n'eſt
„ plus important pour les intérêts de votre Ma-
„ jeſté & pour le bon gouvernement de ces Pro-
„ vinces. Votre Majeſté doit tenir pour certain ,
„ qu'il y a fort peu de perſonnes en Eſpagne ,
„ qui n'ayent des preuves claires & convaincan-
„ tes , des prétentions & des vûes de ces Religieux ,

,, ainſi que des artifices & des ſtratagêmes qu'ils
,, employent pour parvenir à leurs fins. Ce n'eſt pàs
,, l'expérience d'une ſeule année qui m'en a inſtruit ,
,, & qui m'a mis au fait d'une infinité d'autres
,, choſes ſemblables. Je les ai vérifiées par une
,, application continuelle de quinze ans.

XLIX. Le bienheureux *Frére Jerôme-Baptiſte
de Lañuza* , Evêque d'Arragon , Prélat illuſtre
par ſa ſcience & ſes vertus , s'énonce de la même
maniere dans ſon Mémorial préſenté au Pape Paul
V , en l'année 1682. On pourroit encore citer
d'autres perſonnages ſçavans & vertueux , dont il
ſeroit aiſé de faire une liſte nombreuſe.

L. Au mépris des plaintes d'un ſi grand nombre de perſonnes pleines de ſcience , de lumiere
& de zéle , les Jéſuites ont eu le crédit de ſe
maintenir dans l'abus de ces Conſeils ſecrets , &
dans le deſpotiſme qui en a été l'effet. Dès le tems
que le vénérable Jean de Palafox écrivoit au Pape
Innocent X ſa lettre du 8 Janvier 1649 , dont
nous avons fait mention ci-deſſus , les maux que
ces Religieux avoient déja faits à l'Egliſe & à
l'Etat , étoient exceſſifs , comme ce vénerable
Prélat le fait voir articles 111 & 112 de cette
lettre , immédiatement après les paroles que nous
avons citées.

,, Quel autre Ordre de Religieux , *dit-il* , a
,, excité autant de troubles , a produit tant de
,, diſputes , a cauſé tant de plaintes , s'eſt impli-
,, qué dans un ſi grand nombre de procès , a for-
,, mé tant de demandes contre les autres Reli-
,, gieux , contre le Clergé , les Evêques & les
,, Juriſdictions Eccléſiaſtiques & Séculieres ? Je
,, conviens que des Réguliers ont eu des diffé-
,, rends à démêler avec d'autres ; mais il ne s'en
,, eſt jamais vû qui en aient eu tant que ceux-ci
,, avec tout le monde. Ils ont conteſté & diſputé

,, fur la pénitence & la mortification avec les Dé-
,, chauffés & les Obfervations ; fur le Champ
,, & les Exercices du chœur, avec les Moines &
,, les Mandians ; fur la Clôture, avec les Céno-
,, bites ; avec les Dominicains, fur la Théolo-
,, gie ; avec les Evêques, au fujet de la Jurifdic-
,, tion ; avec les Chapitres & les Curés, fur les
,, Dixmes ; avec les Princes & les Républiques,
,, fur les affaires d'Etat & fur ce qui concernoit la
,, tranquillité publique ; avec les Laïcs, fur des
,, biens temporels, fur des contrats, fur le com-
,, merce fouvent illégitime. Enfin cette Compa-
,, gnie contefte avec toute l'Eglife, avec le faint
,, Siége fondé fur la pierre, c'eft-à-dire, fur Je-
,, fus-Chrift ; car s'il ne renient pas ce Siége apof-
,, tolique par leurs paroles, il n'eft que trop clair
,, qu'ils le renient par leurs actions, comme on
,, ne le voit que trop dans l'affaire préfente.

,, Quel autre Ordre religieux a combattu avec
,, autant de licence la doctrine des SS. Péres ?
,, Quel autre a traité avec auffi peu de refpect ces
,, Maîtres de notre foi, ces colonnes de l'Eglife,
,, ces Docteurs fi éclairés & fi refpectables ? Un
,, Jéfuite moderne ne s'eft pas contenté de dire &
,, d'écrire, il a même publié par l'impreffion de fes
,, œuvres, que faint Thomas étoit dans l'erreur,
,, & que faint Bonaventure n'étoit pas exempt
,, d'illufions.

LI. Il eft impoffible que les relâchemens introduits par les Jéfuites, & dont les trois erreurs ca-
pitales que nous avons relevées démontrent l'excès, n'ayent fait prendre une nouvelle forme tant
aux mœurs de tous les *Externes*, (c'eft ainfi que
les Jéfuites appellent les Eccléfiaftiques & les
Laïques qui ne font pas de leur Profeffion), qu'au
gouvernement intérieur de la Compagnie de Jefus, qu'ils appellent la fociété des *NOTRES*. Il

n'a pû, dis-je, se faire que cette nouvelle forme
introduite dans les mœurs & le gouvernement
des deux Sociétés, n'ait donné lieu à ces pernicieux effets prévûs & prédits par les hommes illuſ-
tres dont nous venons de parler. Delà ces grands
ſcandales, dont le vénérable Palafox ſe plaignoit
au Pape Innocent X, & que nous avons aujour-
d'hui la douleur de voir montés à leur comble.

LII. En effet, dès que ces Religieux, d'une
part ont introduit dans la ſociété de ceux qu'ils
appellent *les Externes*, & qui n'eſt autre que la
ſociété chrétienne & civile, ces dogmes pervers
qui permettent la calomnie, qui rendent les meurtres innocens, qui canoniſent le menſonge, qui
autoriſent le parjure, qui ôtent aux Loix des Souverains toute leur force, qui énervent la ſoumiſ-
ſion que les Sujets doivent à leurs Supérieurs, qui
donnent à chaque Particulier la liberté de calomnier, de tuer, de mentir, de ſe parjurer quand
ſon propre intérêt le lui inſpire, qui déchargent
les calomniateurs, les homicides, les menteurs &
les parjures de la crainte des Loix divines & humaines, enfin qui permettent de ſe rendre juſtice
à ſoi-même ſans s'adreſſer aux Souverains & aux
Magiſtrats : il étoit aiſé de prévoir & de prédire,
ſans avoir la ſageſſe des grands hommes que nous
avons cités, & même avec des lumieres très-bor-
nées, que la ſociété chrétienne & civile ne pourroit ſubſiſter ſans un miracle évident. Ces maximes pernicieuſes devoient à coup ſûr rompre les
liens les plus forts & les plus néceſſaires pour con-
ſerver le commerce & l'union qui doit être entre
les hommes. Elles devoient les mettre dans une
oppoſition continuelle de ſentimens, d'intérêts
& d'humeurs ; elles devoient exciter entr'eux une
diſcorde perpétuelle & irréconciliable. Il n'étoit
pas poſſible d'entretenir dans la ſociété humaine,

& dans les différens états qu'elle renferme, cette belle harmonie qui fait sa consistance, & d'où résulte la force nécessaire à tous les Etats pour leur conservation.

LIII. De l'autre part, ces Religieux ont au contraire établi, pour former l'union, la consistance & la force de leur Société, qu'ils appellent la Société des *NOTRES*, un gouvernement non seulement monarchique, mais encore si souverain, si absolu, si despotique, que les Provinciaux même, c'est-à-dire, les Commissaires députés pour gouverner les Provinces, ne peuvent par aucun délai ni par aucun acte retarder l'exécution des ordres de leur Général. Ces Commissaires ou Provinciaux, bien-loin de pouvoir faire connoître aux Particuliers qui dépendent d'eux les loix impénétrables qui font la régle de leurs jugemens & de leurs décisions, font au contraire obligés de les leur cacher soigneusement. Ces inférieurs soumis aux Provinciaux, depuis les Novices jusqu'aux Profès du 4e vœu inclusivement, n'ont pas la moindre liberté de demander à voir ces loix secrettes, ni de requerir qu'on leur fasse connoître les fautes dont on les punit, ou pour lesquelles on les chasse. Il ne leur est pas plus permis de faire la plus petite réflexion sur ces loix mystérieuses : jamais ils ne peuvent s'écarter le moins du monde de l'obéissance & de l'exécution des ordres de leurs supérieurs, quelque mortifians & quelque opposés qu'ils soient à leurs idées & à leurs inclinations, sans s'exposer d'abord à un châtiment très-sévére, ou à se voir chassés sans rémission.

LIV. Par ce pouvoir législatif, inviolable & despotique ; par ce profond dévouement que les sujets de cette Compagnie ont pour ces loix mystérieuses qu'ils n'ont jamais vûes ; par cette aveugle, stupide & indéfectible obéiffance avec laquelle ils font obligés d'exécuter, fans héfiter ni repliquer, tout ce que leurs Supérieurs leur commandent : cette Société qu'ils appellent *des NOTRES*, (nom qu'ils fe donnent pour fe diftinguer de ceux qu'ils appellent *Externes*) eft parvenue à former le Corps le plus folide & le plus fort, comme l'ont manifefté & le font voir encore tous ces étranges effets que nous avons rapportés.

LV. En faifant la comparaifon de deux gouvernemens auffi oppofés l'un à l'autre, que ceux de la Société que les Jéfuites appellent *des Externes*, & de celle qu'ils appellent *des NOTRES*, (c'eft-à-dire, de leur Compagnie) l'on peut conclure manifeftement que l'abus qui réfulte de la contrariété de ces deux gouvernemens, eft le plus énorme & le plus grand de tous les abus. Il eft aujourd'hui de la néceffité la plus preffante pour l'Eglife & pour l'Etat d'y apporter le reméde le plus prompt & le plus efficace. Car la comparaifon que l'on vient de faire, & le contrafte qui en réfulte, font voir de la maniere la plus claire, 1° Que la Société des *Externes*, c'eft-à-dire la Société chrétienne & civile, exceffivement affoiblie par les relâchemens qu'ont introduits les Jéfuites, ne peut manquer de fuccomber entiérement fous la Société *des NOTRES*, ou de la Compagnie. Dans la premiere Société, grace aux erreurs & aux artifices de ces Religieux, il n'y a plus que relâchemens, que difcordes, que divifions, que défaut de foumiffion à l'autorité légitime. Cette Société chrétienne & civile ne peut donc manquer de fe diffoudre & de s'anéantir, par le défordre & la confufion que les Jéfuites y ont fait régner. Mais au contraire leur Société, cette Société qu'ils appellent des *NOTRES*, n'eft toute entiere qu'union , concorde, accord, subordination aux Supérieurs , & coopération mutuelle des membres en faveur du Chef de ce grand Corps pour le maintenir dans son autorité. 2°. La correspondance , la liaison , le commerce entre ces deux Sociétés est évidemment le contrat d'une société leonide , & partant intolérable. En effet, tandis que la Société des *Externes* n'a pour sa part , que de revérer, d'enrichir & d'avantager en toutes manieres cette formidable Société des *NOTRES* ; celle-ci depuis un tems très-considérable s'applique avec une ardeur infatigable à perdre & à ruiner l'autre par ses artifices clandestins , & à s'élever elle-même de plus en plus sur ses malheureuses & déplorables ruines.

LVI. Ce qui acheve de confirmer la très-urgente nécessité d'une prompte & efficace application des remédes dont nous parlons , ce sont les maux affreux & les horribles désolations , que la négligence de faire usage de ces remédes a causés à l'Eglise & à l'Etat , & en dernier lieu à ce Royaume & à ses dépendances.

LVII. Pour se convaincre de la grandeur des maux que cette négligence a causés à l'Eglise , il suffit de se rappeller tout ce qu'elle a souffert de la part de cette Société sous le Pontificat des Papes Clement VIII, Paul V, Innocent X , Alexandre VII , Innocent XI , & de leurs successeurs. Dans tous ces tems dont nous parlons, cette Société n'a cessé d'enfreindre les Constitutions & les décisions Pontificales ; elle a commis le Saint Siége avec les Princes séculiers Pour soutenir sa doctrine relâchée, elle a résisté aux condamnations prononcées par la Sainte Eglise Romaine : elle a entretenu & fait persister ses Missionnaires dans leur opiniâtre désobéissance aux Bulles expédiées pour l'Asie & pour l'Amérique, au mépris des redoutables Cenfures fulminées par ces Bulles, & fans s'embarraffer de la claufe *latæ fententiæ*; jamais elle ne les a empêché de défobéir à l'Eglife de la maniere la plus opiniâtre & la plus infléxible.

LVIII. Pour fe convaincre encore de l'extrême befoin que les Etats féculiers ont de ces remédes, qu'on faffe attention aux troubles que cette Société des *NOTRES* a caufé dans la République de Venife. Ces troubles furent portés à un tel excès, que le Gouvernement fi circonfpect & fi prudent de cette République fut obligé de chaffer de fes Etats cette même Société des *NOTRES*, par fon fage Edit du mois de Mai 1606, pour rétablir la tranquillité publique. Qu'on fe rappelle les difcours, les intrigues, les confeils, les complots féditieux & fanguinaires, dont les funeftes réfultats furent le premier affaffinat médité contre Henri IV, Roi de France, par Pierre Barriere, en l'année 1593, le fecond exécuté en partie le vingt-fept Décembre de l'année fuivante, par Jean Châtel, lequel fit bannir ces Religieux hors de ce Royaume, & condamner à mort leur Pere *Guignard*, & d'autres de fes confreres à des peines afflictives, au banniffement perpétuel; enfin cet infâme & dernier coup qui termina la vie fi bienfaifante & fi glorieufe de ce même Monarque, par la main du déteftable François Ravaillac le 14 Mai 1610. La mort de ce Prince avoit été long-tems auparavant prédite à Naples par le Pere *Lagona*, & le Carême précédent par le Pere *Hardi*, dans l'Eglife de Saint Severin de Paris. Ces deux Peres étoient de la Compagnie de Jefus. La mort du même Monarque avoit été annoncée à Bruxelles & à Prague 15 jours avant cet horrible attentat.

LIX. Pour fe convaincre, par rapport à notre

Royaume, combien il est urgent & nécessaire de remédier proptement à ces maux, & de réprimer l'impudente audace & le rapide progrès des usurpations, des troubles & des attentats de cette même Société des *NOTRES*; que l'on se souvienne qu'ils n'ont jamais cessé de rendre, autant qu'il leur a été possible, inutiles & sans effet toutes les Bulles & les Loix qui interdisent le commerce aux Missionnaires de cette Compagnie en Asie & en Amérique, qui leur défendent de réduire à l'esclavage, & d'y retenir les Indiens & les Chinois; pratiques dont ils n'ont jamais voulu se désister, malgré toutes ces Bulles & ces Loix, qui leur ont défendu ces iniquités & ces bassesses sous des peines temporelles, & avec excommunication *latæ sententiæ*.

LX. Que l'on fasse encore attention, que malgré toutes les défenses dont nous venons de parler, ces Religieux ont entrepris & formé un plan de République, dont le but tendoit à les rendre maîtres, en peu d'années, de tout le Brésil; qu'ils y ont travaillé par ces moyens étrangers & maudits, dont le Roi, notre souverain Seigneur, a donné connoissance au Pape Benoît XIV, d'heureuse mémoire, par le Mémorial qu'il lui fit présenter sous le titre de *Relation abrégée de la République que les Religieux Jésuites des Provinces de Portugal & d'Espagne ont établie dans les États d'Outremer des deux Monarchies, &c.*

LXI. Enfin, que l'on se rappelle que dès le moment que cette Société des *NOTRES* se vit sans espoir d'influer à l'avenir comme par le passé dans les Conseils de cette Cour, & d'avoir assez de forces dans le Brésil pour soutenir ce vaste & pernicieux projet de République, elle se mit aussitôt à comploter, à cabaler dans cette Cour même, dans ce Royaume & ses dépendances, dans les

Pays étrangers, pour parvenir aux moyens de détruire la haute réputation & l'heureux ~nvernement de Sa Majesté. Ils se sont précipités ensuite d'excès en excès, jusqu'à former au-dedans de cette Capitale ces factions infâmes, dont l'effet a été l'attentat du trois Septembre de l'année dernière, sur lequel est intervenue la Sentence du 12 Janvier suivant, appuyée sur des preuves tellement concluantes & décisives, qu'elles ne peuvent laisser lieu au moindre doute.

LXII. On voit évidemment que cet attentat n'est qu'une copie de l'horrible parricide qui fut commis sur la personne d'Henri IV, Roi de France, le 14 Mai 1610. La mort de ce Prince fut annoncée long-tems auparavant à Naples par le Pere *Lagona*, Jésuite, & dans la Paroisse de St Severin, à Paris, par le Pere *Hardi*, autre Jésuite, à Bruxelles & à Prague 15 jours avant cette affreuse catastrophe. De même ici les Jésuites ont d'abord pronostiqué en plusieurs Cours de l'Europe, au-dedans de cette capitale & dans les Provinces de ce Royaume, que la glorieuse vie de Sa Majesté devoit être d'une courte durée, & qu'elle ne passeroit pas la huitiéme année de son Régne. Ensuite dans un tems plus voisin de cet abominable attentat du 3 Septembre, ils ont poussé l'insolence & l'effronterie jusqu'à assurer que ces jours précieux ne seroient pas prolongés au-delà du mois de Septembre. Quelque affreux que soit le premier de ces événemens, le second a encore quelque chose de plus horrible & de plus noir.

LXIII. En effet, si l'attentat du 3 Septembre 1758 eut pleinement réussi, les Jésuites n'auroient pas manqué de faire accroire aux ames simples & crédules, incapables d'une si noire méchanceté, que la connoissance qu'ils avoient eue de cet affaſſinat concerté par eux, étoit une inſpiration divine, & l'annonce qu'ils en avoient faite, une véritable prophétie.

LXIV. Dans le vrai, ces prétendues prophéties n'avoient été que des menaces des châtimens du Ciel répandues parmi le peuple, pour le tromper, le conſterner & l'amener à leurs fins : mais depuis que la main du Tout-Puiſſant a fait manquer cet horrible coup par un enchaînement de miracles, ces Peres ont tâché de se faire un mérite de ce qui devoit les confondre. Nos prédictions, ont-ils dit, n'étoient que des avis que nous inſpiroit notre zéle. Comme nous avions appris par les révélations faites à des ſerviteurs de Dieu, que ce malheur devoit arriver, nous en répandions le bruit, afin que Sa Majeſté en fût avertie & ſe tint ſur ſes gardes.

LXV. Mais tandis qu'ils répandoient parmi le peuple ces prédictions & ces menaces des châtimens du Ciel, ils n'en donnerent jamais le moindre avis aux Miniſtres du Roi. Etoit-ce là le moyen de faire parvenir à Sa Majeſté leurs prétendues révélations ? N'eſt-il pas au contraire clairement prouvé au procès, que tout cela n'étoit que le réſultat de leurs manœuvres & de leurs complots ? D'un autre côté, maintenant que par ce procès ils ſe voyent pleinement & manifeſtement convaincus de leurs abominables forfaits, ils jouent le rôle qu'ils ont toujours joué en pareil cas. Ils affeƈtent une douceur, un air d'innocence, un extérieur modeſte & religieux, pour perſuader aux dupes que les ſupplices qu'on leur fera ſouffrir, leur vaudront la couronne du martyre. C'eſt là un de ces criminels artifices qui ont obligé le Roi Très-Fidéle à repréſenter pluſieurs fois au S. Siége, de la maniere la plus forte, la plus énergique & la plus décidée, qu'il étoit ab-

folument néceffaire de réprimer ces Religieux.
Ce ftratagème ufé de leur part, ne détruira jamais les preuves convaincantes qui réfultent du
procès. Il y eft démontré, que les Jéfuites qui
font parade de ces bonnes œuvres, font précifé-
ment les mêmes qui ont confeillé, tramé, com-
ploté & fait exécuter le parricide du 3 Septembre
de l'année derniere.

FIN.

Cette Pièce a été imprimée à Lis-
bonne par ordre du Roi de Portu-
gal. Comme la plus grande partie
du Public ne comprend point la
Langue Portugaise, on a jugé à
propos de ne lui donner qu'une tra-
duction fidele en françois, pour lui
éviter une dépense inutile.

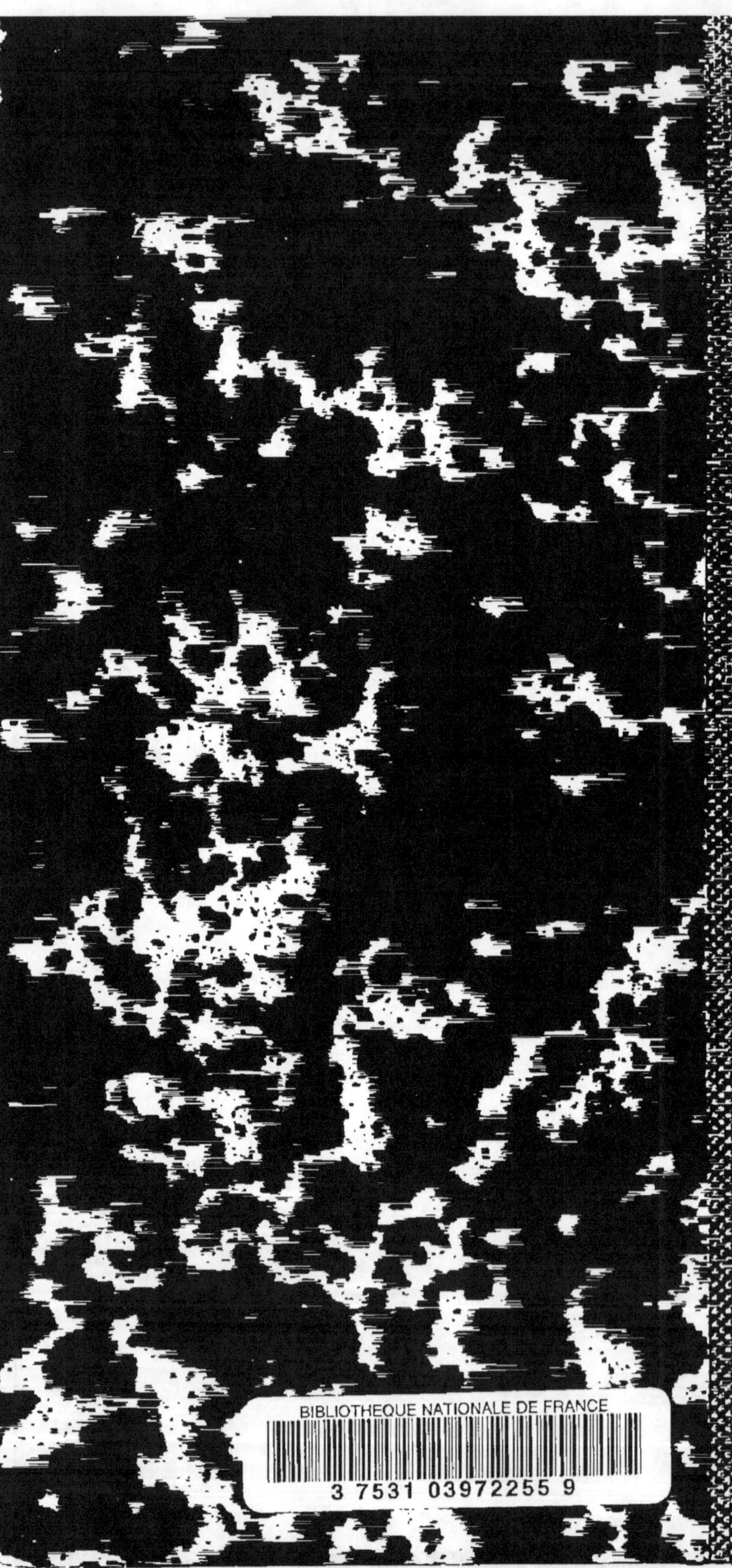
BIBLIOTHEQUE NATIONALE DE FRANCE

www.ingramcontent.com/pod-product-compliance
Lightning Source LLC
Chambersburg PA
CBHW051636060726
47597CB00004B/1603